السِّياحَةُ إلى الجنَّةِ

السِّياحَةُ إِلى الجَنَّةِ

قبل النوم، أغمض عينيك على شيء من الجنة

أ.د. سمير الشاعر

دار جامعة حمد بن خليفة للنشر
HAMAD BIN KHALIFA UNIVERSITY PRESS

دار جامعة حمد بن خليفة للنشر
صندوق بريد 5825
الدوحة، دولة قطر

www.hbkupress.com

جميع الحقوق محفوظة.

لا يجوز استخدام أو إعادة طباعة أي جزء من هذا الكتاب بأي طريقة دون الحصول على الموافقة الخطية من الناشر باستثناء حالة الاقتباسات المختصرة التي تتجسد في الدراسات النقدية أو المراجعات.

الطبعة العربية الأولى عام 2022

الترقيم الدولي: 9789927155116

تمت الطباعة في الدوحة-قطر.

مكتبة قطر الوطنية بيانات الفهرسة – أثناء – النشر (فان)

الشاعر، سمير، مؤلف.

السياحة إلى الجنة : قبل النوم، أغمض عينيك على شيء من الجنة / أ.د. سمير الشاعر. - الطبعة العربية الأولى. - الدوحة، دولة قطر : دار جامعة حمد بن خليفة للنشر، 2022.

صفحة ؛ سم.

تدمك 978-992-715-511-6

1. الجنة -- الإسلام. 2. إضطرابات النوم -- العلاجات البديلة -- الأعمال العامة. 3. إضرابات النوم -- الجوانب الدينية -- الإسلام.

أ. العنوان.

BP166.87 .S43 2022

297.23– dc23

202228306181

المحتويات

المقدمة 7

القسم الأول: المصطلحات الأساسية والتابعة 11
قصَّة قبل النوم 13
فوائد القصة تبعث الأمل وتمحو الألم 14
المصطلحات الأساسية 15
1. النوم 15
1-1. نعمة النوم 15
1-2. الحكمة من النوم 17
2. مراحل النوم 17
3. التقسيم العلمي لمراحل النوم 19
3-1. ملخص الدراسات عن النوم 20
4. الكوابيس 21
4-1. أسباب الكوابيس 22
4-2. الكوابيس طبيًّا 23
5. المشي أثناء النوم 24
5-1. الأعراض 24
6. الأحلام 26
6-1. أنواع الأحلام في علم النفس 26
6-2. الفرق بين الرؤيا والحلم وحديث النفس وأضغاث الأحلام 29
المصطلحات التابعة 30
1. اضطراب النوم 30
1-1. أنواع اضطرابات النوم 30
1-2. أسباب اضطرابات النوم 31

5

1-3. أعراض اضطرابات النوم	33
1-4. مضاعفات اضطراب النوم	34
2. هرمون النوم	**35**
2-1. كيف يعمل الميلاتونين في الجسم؟	35
2-2. العوامل التي تؤثر على مستويات إنتاج الميلاتونين	36
2-3. مكمِّل الميلاتونين والنوم	36
2-4. فوائد صحية أخرى للميلاتونين	37
2-5. أعراض جانبية للميلاتونين	37
2-6. المصادر الغذائية للميلاتونين	38

القسم الثاني: الرحلة إلى النوم 39

نصيحة قبل النوم	41
المرحلة الأولى: النوم بعد الإجهاد والتعب	42
المرحلة الثانية: النوم بعد السياحة إلى جميل الذكريات	45
المرحلة الثالثة: النوم بعد السياحة إلى الجنَّة	49
1. أنهار الجنَّة	51
2. أنبياء الله	53
3. خير نساء الجنَّة	55
4. جغرافية الجنَّة	57
4-1. تقسيم موضوعات الجنَّة عند ابن أبي الدنيا وابن القيِّم	59
4-1-1. أبواب كتاب ابن أبي الدنيا «صفة الجنَّة وما أعد الله لأهلها من النعيم»	61
4-1-2. أبواب كتاب ابن القيم «حادي الأرواح إلى بلاد الأفراح»	62
5. تقسيم نعيم الجنَّة داخل الباب 64 من أبواب «حادي الأرواح»	**66**
6. متعة القراءة عن الجنَّة	**69**
الخاتمة	**71**

بسم الله الرَّحمَن الرَّحيم

الحمدُ لله ربِّ العالمين، والصَّلاة والسَّلام على أشرف المرسلين محمَّد، وعلى آلهِ وصحبه الغرِّ الميامين، وبعد...

لحظات الاسترخاء وتجديد النشاط أضحت مقصود الإنسان المثقل بهموم ومتاعب الحياة قليلها وكثيرها، ولا فرق بين نساء أو رجال، بين من رزق الأولاد ومن ينتظرهم، بين من راجت أعماله ومن يعمل على ترويجها، بين الموظف والباحث عن الوظيفة، بين رب العمل والعامل، بين العليل والسليم، بين الطبيب والمريض وغيرهم.

نجد أدق تفاصيل معايشتنا خلال اليوم لهذه اللحظات، في الدقائق الأخيرة قبل النوم، وهنا مكمن الموضوع الذي نعالج في كتابنا هذا، فالكثير يكرمهم الله بسهولة النوم والاستغراق فيه، ولكن البعض غير القليل يعاني وبطرق شتى للفوز بالنوم وخاصة المنتظم والمريح منه.

نجد المستعين بالأدوية الطبية أو الوصفات الطبيعية أو المتَّبع للنصائح المنتشرة:

- الرياضة.
- القراءة.
- التنفس.

- التأمل.
- الضوء الخافت.
- التفكير الإيجابي.
- التفاؤل.
- تذكُّر جميل المواقف والمناظر.
- التزام موعد ثابت للنَّوم.
- تأمين جوٍّ الغرفة من ناحية الهدوء والبرودة المعتدلة، وغير ذلك.

أما سبب اختيار هذا الموضوع، فمردُّه الاعتراف بواسع فضل الله ورحمته على العباد بنعمة النوم؛ فقد عايشت وسمعت من أصحاب المعاناة ومن المختصِّين عن خطورة الأرق أو ضعف النوم أو مسميَّاتهم الأخرى التي تهدف للتحذير من عدم نيل القسط الكافي من النوم الجيد.

أضحى النوم أحد اختصاصات علوم الطبِّ، ونهضت لمجابهته العيادات المتخصصة والفحوص المعمقة وأنماط التخطيط المستعان بها، لتشخيص حالة النوم السليمة من المَرَضِيَّة. وانتشرت في الدول المتقدمة موجة فحص النوم لشدَّة ما تعاني الناس من فقدانهم سلامة النوم وهدوئه. الكلام في هذا طويل وكثير وهو ليس مجالنا الآن، وأحببنا الإشارة إليه لنعظِّم حمدنا لله، إن كنَّا من أصحاب النوم الهانئ أو من أصحاب النوم المتقطع مقارنة بمن لا يعرف طعمًا لنوم سليم، فالحمدُ لله ربِّ العالمين حمدًا يليق بجلال الله وعظمته.

تتتالى منهجية الكتابة والمعالجة بعيدًا عن التقسيمات المعتادة للكتابة: أبواب وفصول ومباحث ومطالب. ونعرض المادة بلسان الإخبار وسرد التجربة الشخصية كونها تجربة إنسانية قد تفيد الآخرين ممَّن نالهم جانبًا مما أصابني إما أقلَّ أو أكثر. واستعرت هذا الأسلوب الأقرب للقصصي، لرغبتي بأن يأتي الكتاب لطيفًا ومبسطًا وسهل القراءة، لتحقيق أوسع النفع وبصورة مباشرة.

أما التوثيق المنهجي، فلشدَّة التداخل بين العبارات المختارة نفسها بعد تنسيق تتاليها بما يخدم السياق ومع نصي الخاص أيضًا، اخترت التوثيق العام الإجمالي.

وعنوان الكتاب «السياحة إلى الجنَّة» قبل النوم، فقد جعلته موازيًا للمُسمَّى المألوف «قصة قبل النوم» التي شكلت جزءًا من طفولتنا، علَّهُ يساعدنا في صياغة حياتنا حتى الكهولة.

والله أسأل التوفيق، فما كان فيه من صواب فمن الله وبفضله وكرمه، وما كان غير ذلك فمن تقصيري وعجزي، وأنا الإنسان الضعيف الراجي عفو ربِّه.

سمير الشاعر

القسم الأول
المصطلحات الأساسية والتابعة

قصَّة قبل النوم

اعتدنا ونحن أطفالًا الإيواء إلى أسرَّتنا بجهوزية عملية ونفسية، منتظرين أحد الوالدين ممن عليه الدور في قراءة قصة ما قبل النومِ، لنعيش مع نبرة صوته تفاصيل قصة جديدة؛ فيسرح بنا الخيال وفق إيقاعات الصوت التي تتماشى وتفاصيل القصة بفرحها وحزنها وهدوئها وحماستها، ونستيقظ في اليوم التالي لنسأل عما حصل بعد كذا، أي بعد أن غفونا، فيكون الجواب: «الليلة نعرف».

كنا نشتاق لأن يأتي موعد النوم التالي سريعًا لمتابعة أحداث نسجناها، متمنين أن تتحقق. برغبة عالية وبصمت، كنا نسمع دقَّات قلوبنا ونحن ننتظر في فراشنا بقية القصَّة:

- إنْ جاءت كما توقعنا غمرتنا سعادة لا نعرف مداها، ونردد ونكرر في صبيحة اليوم التالي بعض المستفاد والمبهج منها، إلى أن يأتينا التنبيه، بأن نكمل الفطور ونتجهز للمدرسة! عندها نشعر وكأنَّنا استيقظنا من لحظة السعادة الغامرة المستمرة، ونتجهز للقصة الجديدة التي قد تأتي بأفضل من سابقتها وربما تحاكيها جمالًا وروعة.
- أما إذا اكتملت قبل نومنا، أكثرنا الأسئلة عن المقصود وعن المعنى وعن البديل، استجابة لبعض رغباتنا التي

تراكمت من بدايتها لنهايتها، ثم نميل للجانب الآخر لننام، ونحن نتمتم بأفضل خيار بحسب ظنِّنا أو أدق مغزى. وقد نقرِّر أنَّه ما كان على البطل أو أصدقائه فعل كذا! كل حديث الذات هذا، والعقل مُسترخٍ يستدعي النوم بشدَّة.

تكرَّر الأمر مع كلٍّ قصة جديدة، وبعد فترة وجدنا أنفسنا وقد تعرَّفنا على الكثير من مناطق العالم بطبيعتها وأسمائها وثقافاتها، وحتى أشهر حيواناتها، وخصائص شعوبها وأشهر مأكولاتهم، فضلًا عن العديد من المهارات التي نميل للتعرف عليها وحتى إتقانها.

فوائد القصة[1]

تبعث الأمل وتمحو الألم

هي فسحة تنمي وتوطد علاقات الطفل مع أبوَيْه، كما أنها مغامرة يعيشها الطَّرفان، وتغذيها فوائد تعليمية ونفسِية متراكمة خارج الإطار المدرسي التقليدي، فضلًا عن أنها تغرس بذور معرفة علمية واجتماعية وإنسانية، ويحصد ثمارها الطفل في سنٍّ متقدمة، ألا وهي:

- الثقة بالنفس.

1 نداء عوينة، «أهمية قصص قبل النوم للأطفال»، /https://www.webteb.com، شيماء دهب، «5 فوائد لحكايات قبل النوم للطفل»، .https://www.dostor.org، وhttps://www.aljazeera.net، نقلًا عن الصحافة الإيطالية، بتصرف.

- الاطمئنان والتقارب الإنساني.
- التعلُّم.
- النصائح.
- الخيال.

من مزايا قراءة القصص للأطفال أنها تساعدهم على الاسترخاء والخلود للنَّوم، عبر رحلة تنشط خيالهم وقدراتهم الإبداعية، سواء من خلال تصوُّر الشخصيات والأماكن أو حتى تصوُّر أنفسهم داخل القصة نفسها، عِلمًا أنه كلما تعلم الطفل أكثر ونشط خياله أكثر، ارتفع مستوى ذكائه.

المصطلحات الأساسية

1. النوم[1]

النوم رحلة يومية للإنسان، يعيش فيها سلطانًا متوجًا داخل مملكته المسحورة. يصعد خلالها وينزل، ويشكل شخصيته الخاصة وطقوسه واستعداداته بما يلائم هذا العالم الخيالي.

1-1. نعمة النوم

النوم حالة طبيعية من الاسترخاء عند الكائنات الحية، تقلُّ خلالها الحركة الإرادية في الجسم، وكذلك الإحساس بما

---

1 ماجدة الكامل، «ما هو النوم؟» https://mawdoo3.com، «النوم من آيات الله... وراحة للبدن والروح»، https://www.alittihad.ae، «النوم»، https://ar.wikipedia.org، بتصرف.

يحدث في المحيط. ولا يعتبر النوم فقدانًا كاملًا للوعي، بل هو تغيُّر لحالة الوعي؛ ولا تزال الأبحاث جارية عن الوظيفة الرئيسية للنَّوم، إلا أن هناك اعتقادًا شائعًا بأنَّ النوم ظاهرة طبيعية تعيد تنظيم نشاط الدماغ والوظائف الحيوية الأخرى.

النوم عملية تتم دون أن يكون للإنسان دخل فيها، ولا سيطرة له عليها، ففي وقت معين تستكين قواه، وتعتريه حالة من الاستعداد للنَّوم، ولا بدَّ بعد ذلك أن ينام، سواءً أكان بالنهار أم بالليل.

والنوم نعمة عظيمة تشهد على قدرة الله وعظمته ودقَّة صنعه وإتقانه في خلقه. هو عالم عجيب مليء بالأسرار والعبر والعظات الجليلة. لذلك اهتم العلماء قديمًا وحديثًا به، وسعَوا بحثًا عن أسراره، فهو يزوِّد الجسم بحاجته من الراحة، ويمدُّه بالطاقة دون أن يثقل من حركته، ولذلك أطلقوا عليه تعبير «ميزان الجسم»، بمعنى إذا نقصت ساعات نوم الإنسان، يصبح قلِقًا متوتِّرًا.

يقول الدكتور محمد السقَّا عيد، عضو جمعية الإعجاز العلمي في القرآن والسُّنَّة: «النوم آية من آيات الله، ومعيار حقيقة الإنسان وراحته وطاقاته، جعله الله رحمة بعباده؛ لينسوا آلامهم ويريحوا أجسادهم ويجددوا فكرهم، فهو ثلث حياتهم، ولا شكَّ أنَّه شيءٌ جميل ولذيذ لا يشعر بقيمته إلا الذين يبيتون الليالي يتقلَّبون في فراشهم وقد عزَّ عليهم الظفر به، ولكنَّه في الوقت نفسه ظاهرة غريبة يحوطها الغموض».

1-2. الحكمة من النوم

الحكمة كما قال تعالى: ﴿وَجَعَلْنَا نَوْمَكُمْ سُبَاتًا﴾ [النبأ: 9]، أي راحة للأبدان، فالأعضاء والجوارح تكلُّ من الحركة خلال النهار، وإذا جاء الليل، سكنت الجوارح واستراحت وحصل النوم الذي هو راحة البدن والروح معًا. من هذا المعنى العظيم لحكمة النوم، من اللازم والحتمي والضروري أن ينام الإنسان ليعاود نشاطه كادحًا في النهار؛ وقد اتضح للباحثين من علماء الطبيعة أنَّ النوم أهم للحياة من الطعام والشراب.

2. مراحل النوم

يمرُّ النائم بخمس مراحل للنَّوم، وباكتمالها تسمَّى «دورة النوم»:

- **المرحلة الأولى:** تعتبر مرحلة انتقالية بين أحلام اليقظة والنوم، وخلالها يفرز الدماغ نسبة مرتفعة من موجات ثيتا، والتي من شأنها التأثير على جميع موجات الدماغ الأخرى مما يؤدِّي إلى إبطائها. في هذه المرحلة يشعر الإنسان بالعديد من المشاعر الغريبة، نتيجة استرخاء جميع أجزاء الدماغ، علمًا بأنَّ هذه المرحلة تستغرق ما يقارب 5 إلى 10 دقائق.

- **المرحلة الثانية:** تستغرق هذه المرحلة ثلث ساعة تقريبًا، وخلالها يتباطأ أداء الدماغ، ويطلق عليها اسم مغزل النوم. ولا بدَّ من الإشارة إلى أن درجة حرارة الجسد تبدأ بالانخفاض حتى تصل إلى 36 درجة مئوية، ويهبط

معدل ضربات القلب إلى أن تستقر فيما بعد.
- **المرحلة الثالثة**: تُعتبر هذه المرحلة مرحلة انتقالية من الشعور بالنوم إلى النوم العميق، ويطلق الدماغ في هذه المرحلة موجاتٍ بطيئة تعرف باسم موجات دلتا.
- **المرحلة الرابعة**: تُعرف هذه المرحلة باسم نوم دلتا، وتبدأ الموجات خلالها بالسيطرة على جميع خلايا الجسم وعضلاته، وتقلل أداءها إلى أقصى درجة ممكنة، ومن ثم يبدأ الجسم بالدخول في مرحلة النوم العميق.
- **المرحلة الخامسة**: تعتبر هذه المرحلة من أكثر مراحل النوم العميق تعقيدًا، والتي تحدث فيها جميع الأحلام، وخلالها تتحرك العين حركة سريعة، ويزداد نشاط الدماغ، وتتحرك بعض الأعضاء مثل اليدين والقدمين بالرغم من استرخاء جميع أجزاء الجسم.

تستغرق هذه المراحل الخمس 90 دقيقة تقريبًا، وتتكرر عدة مرات أثناء الفترة الإجمالية للنوم. والجدير بالملاحظة أن فترة الأحلام تستغرق عدة دقائق فقط من كل 90 دقيقة، لتبدأ بعدها دورة نوم جديدة.

خلال نوم الإنسان الطبيعي (6-8 ساعات) يمرُّ الإنسان بحوالي 4-6 دورات نوم كاملة. علمًا بأن الفترة الذي يحتاجها الفرد للنَّوم تختلف من شخص إلى آخر، وقد اعتمدت فترة 8 ساعات باعتبارها المعدل لمدة النوم الضرورية في اليوم الواحد.

3. التقسيم العلمي لمراحل النوم

بناءً على دراسات أجريت على الموجات الدماغية أثناء النوم، قُسِّم النوم إلى خمسة أقسام، وهي:

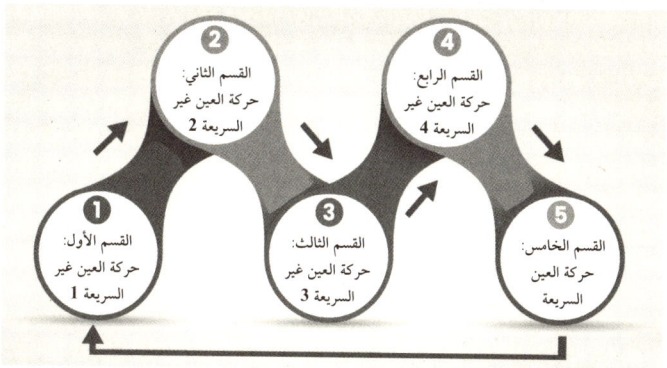

- **القسم الأول: حركة العين غير السريعة 1**

هي مرحلة التثاؤب والنوم الأولى، والانتقال إلى المرحلة الثانية من النوم.

- **القسم الثاني: حركة العين غير السريعة 2**

فيها يقلُّ مستوى الوعي للأحداث الخارجية، وتشكل هذه المرحلة 45٪ - 55٪ من وقت النوم الإجمالي.

- **القسم الثالث: حركة العين غير السريعة 3**

تشكل حوالي 5٪ فقط من الفترة الإجمالية للنَّوم.

- **القسم الرابع: حركة العين غير السريعة 4**

تشكل 15٪ من الفترة الإجمالية للنوم، وتعتبر فترة النوم العميق الذي يصعب الاستيقاظ منه، وهذه هي الفترة التي تحدث فيها الكوابيس والمشي أثناء النوم.

- **القسم الخامس: حركة العين السريعة**

هي المرحلة التي يرى فيها النائم الأحلام، وتشكل هذه الفترة الثلث الأخير من دورة النوم.

1-3. ملخص الدراسات عن النوم

حركة العين	\	غير السريعة			السريعة
المرحلة	1	2	3	4	5
فترة النوم		45% - 55%	5%	15%	ثلث دورة النوم
بالدقائق	5-15	20			
موجات	ألفا + ثيتا		دلتا	المزيد من دلتا	
طبيعة النوم				عميق	عميق
التوصيف	مرحلة التثاؤب والنوم	يقل فيها مستوى الوعي للأحداث الخارجية		تحدث فيها الكوابيس والمشي أثناء النوم	يرى فيها النائم الأحلام

4. الكوابيس[1]

قد يعتقد الإنسان أنه الشخص الوحيد الذي يعاني من الكوابيس، حين يستيقظ منزعجًا من كابوس ما. وتُعدُّ الكوابيس أكثر شيوعًا بين الأطفال، ولكنها منتشرة بين البالغين أيضًا. إذ إن واحدًا من كلِّ اثنين من البالغين يعانون من الكوابيس، أي أن حوالي 2٪ إلى 8٪ من البشر البالغين يرون الكوابيس.

مصطلح «كابوس» يشير إلى الأحلام المفزعة والمخيفة التي يراها النائم في منامه. وفي كثير من الأحيان تجعل الشخص يستيقظ من نومه منزعجًا مع شعوره بتسارع نبضات قلبه. في العادة يرجع حدوث الكوابيس إما لأسباب فسيولوجية مثل ارتفاع درجة حرارة الجسم، أو لأسباب نفسية مثل الإجهاد أو الصدمات النفسية التي يتعرض لها الإنسان في حياته اليومية.

الكوابيس تعدُّ من الأمور الشائعة، لكن إن استمرت في الظهور للنائم مرة تلو الأخرى فقد تسبب له اضطرابًا في النوم؛ حينها قد يحتاج الناس للبحث عن مساعدة طبية لتلافي ظهورها مرةً أخرى.

لعل أغلب الكوابيس تلازم ما يقارب 10٪ من الأطفال خصوصًا في المرحلة العمرية من 6 إلى 8 سنوات. ويتعرض

---

[1] د. شهيرة لوزا، استشارية طب النوم، «الكوابيس، أسبابها وطرق للتخلص منها»، https://cairosleep.com. إيناس ملكاوي، «ما هي أسباب الكوابيس المزعجة؟» https://mawdoo3.com. الأحلام المفزعة والكوابيس، وكيفية التغلب عليها» https://www.webteb.com. «الكابوس» /https://ar.wikipedia.org، بتصرف.

الطفل لتكرار الأحلام المزعجة، مع احتمال تذكرها بعد الاستيقاظ، مما يشكل للطفل عائقًا آخر يمنعه من العودة إلى النوم من جديد.

1-4. أسباب الكوابيس

- نوعية الطعام الذي يتناوله الشخص قبل نومه.
- الإجهاد أو القلق.
- التعرُّض للصدمات.
- الحرمان من النوم.
- الكتب والأفلام المخيفة.
- إدمان شرب الكحول.
- تناول بعض مضادات الاكتئاب أو بعض الحبوب المخدِّرة.
- بعض اضطرابات النوم، كتوقف التنفس أثناء النوم ومتلازمة تململ الساقين.
- اضطرابات أخرى، فقد يرتبط الاكتئاب وغيره من اضطرابات الصحة النفسية بالكوابيس، ويمكن أن تحدث الكوابيس جنبًا إلى جنب مع بعض الحالات الطبية مثل أمراض القلب والسرطان والإنفلونزا والحُمَّى والشخير وتقطُّع النفس والخدران وآلام المفاصل وغيرها.

2-4. الكوابيس طبيًّا

تُشخَّص الكوابيس بأنها اضطراب، حين يعاني الشخص المصاب بها من الآتي:

- تكرار حدوث الكوابيس.

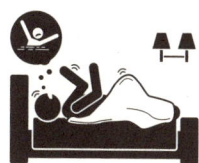

- الشعور بالضيق أو القلق أو الخوف المستمر أثناء النهار بسببها، أو القلق قبل النوم من حدوث كابوس آخر.

- مشكلات في التركيز أو الذاكرة، والتي قد تؤدي إلى صعوبات في المدرسة أو العمل، أو مشكلات مع المهام اليومية مثل القيادة.

- النعاس المفرط أثناء النهار والتعب أو انخفاض الطاقة.

- مشكلات سلوكية تؤثر على الصحة العقلية، وأحيانًا تتعلق بموعد النوم أو الخوف من الظلام.

- أفكار انتحارية أو محاولات للانتحار.

5. المشي أثناء النوم[1]

المشي أثناء النوم والمعروف علميًّا باسم السير النومي (somnambulism) عبارة عن اضطراب يحدث خلال مرحلة النوم العميق، وينتج عنه مشي النائم أو قيامه بأفعال أخرى غريبة.

المشي أثناء النوم يعد أكثر شيوعًا بين الأطفال مقارنة بالبالغين، ويكون أكثر حدوثًا، إن حُرِم الشخص من النوم لفترة من الزمن. وبما أنَّ المشي يحدث خلال مرحلة النوم العميق، فقد يكون من الصعب إيقاظ الشخص في تلك الأثناء، كما أنه لن يتذكر قيامه بالمشي عند الاستيقاظ أصلًا. وعادةً ما يشمل المشي أثناء النوم نشاطات أخرى يقوم بها الشخص إلا أنَّ المشي هو الأكثر شيوعًا وانتشارًا.

5-1. الأعراض

عادةً ما يحدث السير خلال النوم في وقت مبكر من الليل، وغالبًا بعد الخلود للنَّوم بساعة أو ساعتين، ومن غير المحتمل حدوثه خلال أوقات القيلولة؛ فقد تحدث نوبة السير خلال النوم نادرًا أو قد تحدث كثيرًا، وتدوم النوبة عمومًا من 30 ثانية إلى 30 دقيقة.

---

[1] أ. د. أحمد سالم باهمام، كلية الطب - جامعة الملك سعود، «المشي أثناء النوم عند البالغين» http://www.alnoum.com. «المشي أثناء النوم: هذا ما عليك معرفته» https://www.webteb.com. «السير خلال النوم» https://www.mayoclinic.org، بتصرف.

من أفعال الشخص الذي يسير وهو نائم:
- ينهض من السرير ويتجول.
- يجلس في السرير ويفتح عينيه.
- يرتسم على وجهه تعبير سطحي، زجاجي العينين.
- لا يستجيب أو يتواصل مع الآخرين.
- يكون من الصعب إيقاظه أثناء حدوث النوبة.
- يكون مشتتًا أو مرتبكًا لمدة قصيرة من الوقت بعد استيقاظه.
- لا يتذكر ما حدث في النوبة عند الصباح.
- تكون لديه مشكلات في تأدية المهام أثناء النهار بسبب اضطراب النوم.
- يعاني الرُّعب أثناء النوم، بالإضافة إلى السَّير خلاله.

قد يقوم بأنشطة روتينية أثناء النوبة أحيانًا:
- يرتدي ملابسه أو يتحدث أو يتناول الطعام.
- يغادر المنزل أو يقود سيارة.
- يقوم بسلوك غير معتاد، مثل التبول في الخزانة.
- يُصاب، على سبيل المثال، نتيجة السقوط عن الدرج أو القفز من النافذة.
- يصبح عنيفًا خلال فترة الارتباك الوجيز عقب الاستيقاظ، أو أحيانًا أثناء السير خلال النوم.

6. الأحلام[1]

تُعرف الأحلام بأنها عبارة عن صور أو قصص يتخيلها العقل في أي وقت خلال فترة النوم. إلا أن معظم الأحلام الواقعية تحدث أثناء النوم العميق، حين يكون الدماغ في ذروة نشاطه، وتُعرَف هذه الفترة باسم حركة العين السريعة، وتتركز بشكل أكبر في النصف الثاني من الليل.

وقيل إن الحُلم أو الرؤيا سلسلة من التخيلات التي تحدث أثناء النوم، وتختلف الأحلام في مدى تماسكها ومنطقها. وتوجد كثير من النظريات التي تفسر حدوث الأحلام، فيقول سيغموند فرويد إن الأحلام هي وسيلة تلجأ إليها النفس لإشباع رغباتها ودوافعها المكبوتة، خصوصًا تلك التي يكون إشباعها صعبًا في الواقع.

6-1. أنواع الأحلام في علم النفس

قسم العلماء الأحلام إلى 10 أنواع، وهي كما يلي:

| أحلام اليقظة | هي الأحلام التي تحدث بين حالة اليقظة الكاملة وبداية النوم، وغالبًا ما يكون ذلك حين يسرح المرء بخياله وينفصل تمامًا عن الواقع المحيط به. |

---

1 «أنواع الأحلام في علم النفس» https://www.layalina.com، أحمد محمد، «ما هي مراحل النوم؟»، «كيف تحدث الأحلام؟» https://mawdoo3.com، «الحلم» https://ar.wikipedia.org، بتصرف.

| أحلام اليقظة الكاذبة | هي الأحلام التي تُوهم الشخص بأنه استيقظ من نومه وباشَر ممارسة نشاطاته اليومية، ثم يكتشف أنه نائم. |

| الأحلام الجليلة | هي الأحلام التي يُدرك الشخص خلال حدوثها أنه يحلم، ثم يختار بين إكمال الحلم والتحكم بأحداثه أو الاستيقاظ من النوم. |

| الأحلام المتكررة | هي الأحلام التي يتكرر وقوعها باستمرار مع بعض التغييرات البسيطة في أحداثها؛ وقد فسر علماء النفس هذا النوع من الأحلام، بأن الشخص يواجه مشكلةً ما ولم يتمكن من معالجتها، في حين تتوقف رؤيته لهذه الأحلام بمجرد حل المعضلة. |

| الأحلام المتطورة | هي الأحلام التي تكتمل أحداثها على مدار الليالي المتتالية، وكأنها تصنع سلسلةً مترابطة من الأحلام. |

| الكوابيس | هي الأحلام المُخيفة والمُفزعة، وتُعد من أكثر أنواع الأحلام شيوعًا بحسب علم النفس؛ وقد أعاد علماء النفس حدوث الكوابيس إلى الضغوط النفسية التي يعيشها الإنسان، مُشيرين إلى أن المرضى النفسيين والأفراد الذين يعانون من الاكتئاب مُعرضون لرؤية الكوابيس أكثر من غيرهم. |

| الأحلام المتبادلة | هي الأحلام التي يراها شخصان في الوقت ذاته، وعادةً ما يحدث ذلك نتيجة اشتراك هذين الشخصين بالعمل والهدف ذاته. |

| أحلام الإشارات | هي الأحلام التي تُشكِّل إشارةً إرشاديةً تُساعد الشخص على اتخاذ أفضل القرارات العالقة التي يحتار لأمرها، وعادةً ما يتمنى الأشخاص رؤية هذا الصنف من الأحلام، والتي فسرها علم النفس بأنها تخلص هؤلاء من التفكير الزائد بمشكلاتهم. |

| أحلام الشفاء | هي الأحلام التي تُنبئ الشخص بإصابته بمرض معين، ويكون هذا الحلم بمثابة رسالة تحذيرية من الجسم إلى الدماغ، وغالبًا ما تكون هذه الأحلام حقيقية، وعلى الفرد أن يُوليها اهتمامه قبل تفاقم المشكلة الصحية لديه. |

| الأحلام الملحمية | هي الأحلام التي تحتوي على أحداث كونية لا يستطيع الشخص نكرانها، ويشعر بعدها بأنه عاش تجربة أدت لتغيير كبير في حياته، وربما يظل الحلم عالقًا في ذاكرته لأعوام عديدة بعد حدوثه. |

وعمومًا فإن آراء علماء النفس ما زالت تتباين بشأن ماهية الحلم وطبيعته، لكنهم يتجهون إلى تفسير الحلم بأنه انعكاس لما يرغب الشخص بفعله في الواقع.

2-6. الفرق بين الرؤيا والحلم وحديث النفس وأضغاث الأحلام

ربما يعتقد بعضكم أنه لا صحة لوجود فرق بين:

- الرؤيا،
- والحلم،
- وحديث النفس،
- وأضغاث الأحلام.

ويظنون أن الحلم والرؤيا مُسميان للشيء ذاته، إلا أن الحلم يختلف عن الرؤيا وكذلك عن أضغاث الأحلام وحديث النفس. وتتمايز كالتالي:

- **الرؤيا**: الرؤيا الصالحة من الله تعالى، وتحمل في مكنوناتها رموزًا ودلالات إرشادية للرائي، يمكن تفسيرها وتأويلها.
- **الحلم**: الحلم من الشيطان، ويُحدثه الشيطان للمسلم بهدف إصابته بالقلق والحزن، فقد قال تعالى في سورة المجادلة: ﴿إِنَّمَا النَّجْوَىٰ مِنَ الشَّيْطَانِ لِيَحْزُنَ الَّذِينَ آمَنُوا وَلَيْسَ بِضَارِّهِمْ شَيْئًا إِلَّا بِإِذْنِ اللَّهِ ۚ وَعَلَى اللَّهِ فَلْيَتَوَكَّلِ الْمُؤْمِنُونَ﴾ [المجادلة: 10]، ولعل هذه الآية من أقوى الأدلة على وجود الفرق بين الرؤيا والحلم وحديث النفس.
- **أضغاث الأحلام**: هي مجموعة من الأحداث والكوابيس غير المفهومة وغير المترابطة فيما بينها، ولا تحمل أي معنى ولا يمكن تأويلها.

- **حديث النفس**: هي الأحلام التي تعكس حديث الشخص لنفسه، وما يجول بخاطره طيلة اليوم.

المصطلحات التابعة

1. اضطراب النوم[1]

اضطرابات النوم هي أمراض ينتج عنها تغيرات في طريقة نومك. يمكنها التأثير على صحتك العامة وسلامتك ونوعية حياتك. ويؤثر الحرمان من النوم في القدرة على القيادة بأمان، كما يزيد من خطورة حدوث مشكلات صحِّية أخرى.

1-1. أنواع اضطرابات النوم

ليس الأرق النوع الوحيد من اضطرابات النوم، بل هناك أكثر من 80 نوعًا آخر، تتباين ما بين اضطراب يميل إلى النعاس لفترات طويلة، واضطرابات تتعلق بعدم القدرة على النوم، وتشمل:

- **الأرق**: هو النوع الاكثر شيوعًا بين اضطرابات النوم، ويعاني المريض بسببه من عدم القدرة على النوم أو النوم لفترات قصيرة.
- **اضطراب توقف التنفس أثناء النوم**: يتعرض المريض بسببه لمتلازمة تنفسية ينتج عنها التوقف عن التنفس

1 «اضطرابات النوم» (مايو كلينك)، https://www.mayoclinic.org/ar. «أسباب اضطرابات النوم وكيفية علاجها في 5 خطوات؟» https://altaafi.com، و/https://ar.wikipedia.org، بتصرف.

لمدة 10 دقائق، ما يؤدي إلى الاستيقاظ بشكل مفاجئ وعدم القدرة على النوم.

- **متلازمة تململ الساق**: يعاني المريض بسببها من رغبة قوية لا يستطيع مقاومتها في اهتزاز ساقه، إلى جانب شعوره المستمر بالوخز والحرقان.
- **النوم القهري**: يُسمَّى بالنُّعاس المفرط، وينام الشخص من جرائه ساعات طويلة، ويغطُّ بالنوم المفاجئ نهارًا.
- **اضطراب الساعة البيولوجية**: يشمل هذا الاضطراب عدم قدرة الشخص على النوم والاستيقاظ في الأوقات المناسبة.
- **التحرُّك أثناء النوم**: هي حالة تدخل المريض في حركة، مثل المشي والتحدُّث أو تناول الطعام أثناء النوم.

1-2. أسباب اضطرابات النوم

أسباب اضطرابات النوم عديدة منها أسباب نفسية نتيجة حدوث تغيرات في الحالة المزاجية للمريض، أو الإصابة ببعض الأمراض الجسدية التي تعوق عملية النوم، إلى جانب أسباب متعلقة بالبيئة المحيطة والتغيرات التي تحدث فيها، مما يشكلُ نوعًا من عدم الاستقرار للشخص فلا يستطيع الحصول على النوم الطبيعي، وتشمل:

- **الأسباب النفسية**:  الحالة النفسية وما يصاحبها من تغيرات واضطرابات مختلفة تترك بصمتها على القدرة على النوم، فهناك أعراض نفسية تدفع بالمريض إما إلى النَّوم لساعات طويلة، أو تسبب له الأرق وعدم القدرة على الحصول على القسط الكافي من النوم، وأهمها:
  1. الاكتئاب.
  2. القلق والتوتر.
  3. الضغوط العصبية.
  4. التعرض للصدمات وحوادث العنف.
  5. الإصابة باضطراب ثنائي القطب والزهايمر.

- **الأسباب الجسدية**:  هناك بعض الأمراض الجسدية التي قد تكون السبب في حدوث اضطرابات النوم، وتتضمن ما يأتي:
  1. آلام في الجسم والتهابات المفاصل والعضلات.
  2. تناول أدوية، ومواد مخدرة و/أو كحولية، أو منبِّهات للجهاز العصبي.
  3. ضيق في التنفس.
  4. زيادة نشاط الغدة الدرقية.
  5. مشكلات في الكُلى وكثرة التبوُّل.
  6. نقص في مستوى هرمون البروجسترون لدى النساء.
  7. الإصابة باضطراب تململ الساقين والرغبة القهرية في تحريكها خلال النوم.

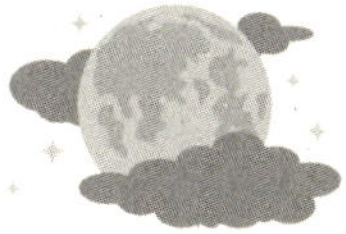

- **الأسباب البيئية**: تلعب البيئة والتغيرات التي تتعرض لها دورًا في حدوث اضطراب النوم، وتشمل ما يأتي:
1. تغيرات في الطقس وارتفاع حاد أو انخفاض شديد في درجات الحرارة.
2. التواجد في بيئة مليئة بالضوضاء لا توفر جوًّا هادئًا يشجع على النوم.
3. تغيير ساعات العمل.
4. السفر لمسافات طويلة وحدوث تغيير في الساعة البيولوجية.

1-3. أعراض اضطرابات النوم

هناك عدد من العلامات والأعراض التي تنذرك بحدوث خلل في نظامك العام، وبحاجتك إلى اتخاذ خطوات لعلاج ذلك الخلل والعودة للحياة الطبيعية من جديد، ويشمل:

- الصعوبة في النوم ليلًا، أو التأخُّر في النوم لمدة تتخطى 30 دقيقة بعد الاستلقاء على السرير.
- رؤية الكوابيس.
- الاستيقاظ فجأة بدون أسباب.
- كثرة التقلب.
- النوم خلال النهار.
- الاستغراق في النوم فجأة بدون إرادة من الشخص.

4-1. مضاعفات اضطراب النوم

لا تقتصر أضرار اضطرابات النوم على عدم القدرة على أخذ القسط الكافي منه أو الاستغراق لفترات طويلة بالنوم، ولكنه يترك آثارًا بالغة على الصحة الجسدية ونواحي الحياة العامة، وتشمل مضاعفات اضطراب النوم:

- الشعور بالتعب والإرهاق.
- العصبية وسوء الحالة المزاجية.
- ضعف الأداء في العمل والدراسة.
- ضعف الذاكرة والتركيز.
- التعرض لحوادث السيارات.
- الصداع المستمر.
- شحوب الوجه.
- احمرار العين.
- ظهور هالات سوداء أسفل العين.

توجد العديد من الطرق للمساعدة في تشخيص اضطرابات النوم، ويتمكن الأطباء عادةً من معالجة أغلبها بكفاءة لمجرد تشخيصها بصورةٍ صحيحة.

2. هرمون النوم[1]

يُطلق على الميلاتونين مسمى «هرمون النوم»، ويرتبط الميلاتونين بعملية النوم بالدرجة الأولى بالإضافة إلى ارتباطه الوثيق بساعة أجسامنا البيولوجية، ويساعد ارتفاعه في الجسم على النوم وعلى تمييز الليل وربطه بالاسترخاء والنوم.

الميلاتونين عبارة عن هرمون يُنتجُ بالأساس بواسطة الغدة الصنوبرية في أدمغتنا، لكن هناك بعض الدلائل على تواجده في أعضاء أخرى كالعينين والنخاع العظمي والأمعاء.

تتأثر مستويات الميلاتونين في الجسم أساسًا بالضَّوء والشمس في الخارج، ويأخذ في الارتفاع عندما تُظلِم، في حين يعمل الضَّوء على وقف إنتاجه ومن ثم تخفيف مستوياته.

1-2. كيف يعمل الميلاتونين في الجسم؟

إن هرمون الميلاتونين بمثابة منبِّه للإيقاع الداخلي للجسم، لذا يتأثر بعادات الشخص كثيرًا، كالتنبه لأوقات النوم والطعام والعمل والنشاط وغيرها. ويعمل الميلاتونين أيضًا على تنظيم درجة حرارة الجسم، بالإضافة إلى ضغط الدم، ومستويات إنتاج وإطلاق الهرمونات المختلفة.

1 مها بدر، «الميلاتونين: فوائده، وعلاقته بالنوم» https://www.webteb.com، الميلاتونين https://ar.wikipedia.org. دعاء نجار، https://mawdoo3.com، جابر بن سالم القحطاني، صحيفة الرياض، وموقع https://pubchem.ncbi.nlm.nih.gov، بتصرف.

2-2. العوامل التي تؤثر على مستويات إنتاج الميلاتونين

- التدخين.
- التعرُّض للضوء القوي ليلًا.
- الضوء الأزرق المنبثق من الشاشات الإلكترونية.
- الإجهاد واعتياد نظام ساعات العمل الليلية مثلًا.
- الشيخوخة.

في حالات انخفاض مستوى إنتاج الميلاتونين في الجسم، فمن شأن مكملات الميلاتونين أن تساعد في تعزيزه وتدعيمه في الجسم.

2-3. مكمِّل الميلاتونين والنوم

تناولت العديد من الدراسات تأثير مكمل الميلاتونين في تحسين وظيفة النوم، وفي قسم كبير منها أكَّد الخاضعون للدراسات تحسن نوعية نومهم إثر استخدامه. استهدفت إحدى الدراسات أشخاصًا يعانون من اضطرابات في النوم، فوجد العلماء أن مكمِّل الميلاتونين ساهم في تقليل وقت الاستغراق في النوم بمعدل 7 دقائق. وتبيَّن أيضًا أن مكمِّل الميلاتونين فعال على وجه الخصوص في حالات اضطرابات النوم الناجمة عن تغيير الساعة البيولوجية.

يشوِّش السفر بين المناطق البعيدة المختلفة عملية إنتاج معدلات الميلاتونين الطبيعية في الجسم، ويضع الشخص في حالة اضطراب نومي مؤقت، إلا أن تناول المكمِّل كفيل بإعادة تنظيم دورة النوم.

يختلف التعامل القانوني مع تجارة واستهلاك الميلاتونين حول العالم، وتلجأ بعض الدول إلى اشتراط استهلاكه بوصفة طبية، بينما تبيحه دول أخرى في أسواق المكملات الغذائية.

2-4. فوائد صحية أخرى للميلاتونين

- تقليل مخاطر صحة العين.
- المساهمة في علاج قرحة المعدة.
- زيادة هرمون النمو لدى الرجال.
- الحد من أعراض الاكتئاب الموسمي.

2-5. أعراض جانبية للميلاتونين

- النعاس الشديد خلال النهار.
- الصداع.
- الدوخة والدوار.
- القلق.
- الشعور بالخبل وثقل الرأس.
- الارتخاء غير المحبذ والكآبة قصيرة الأمد.

بالإضافة إلى ما ذُكر، قد يتفاعل الميلاتونين مع بعض الأدوية، مثل:

- أدوية ضغط الدم.
- مضادات الاكتئاب.
- مضادات التخثر ومثبطات المناعة.

- أدوية السكري.
- حبوب منع الحمل.

لذا من الضروري جدًّا أن تشارك طبيبك نيتك باستخدام الميلاتونين، في حال كنت تستخدم أيًّا من تلك الأدوية المذكورة.

6-2. المصادر الغذائية للميلاتونين

يوجد الميلاتونين في:

- **الحبوب**: القمح والشوفان الذرة والأرز والشعير.
- **البروتين**: البقول مثل الفول والحمص والأسماك والبيض.
- **الدهون غير المشبعة**: زبدة الفول السوداني والمكسرات مثل الجوز واللوز والكاجو والفستق.
- **الخضروات**: الخضروات بشكل عام، والتوابل والزنجبيل والأعشاب والشاي الأخضر والبذور.
- **الفواكه**: فاكهة الموز تحديدًا من أغنى الأطعمة بهذا الهرمون، كما يوجد في الكرز وفواكه أخرى، وفي الكاكاو والشوكولاتة الداكنة أو السوداء Dark chocolate (نسبة فوق 70٪).

القسم الثاني
الرحلة إلى النوم

نصيحة قبل النوم

طالما سمعنا وقرأنا عن نصائح قبل النوم، ولكن من أكثر ما أفادني واعتدت عليه هي نصيحة: لا تفكِّر إلا بما هو جميل قبل النوم، وتخيَّل أي صورة بديعة تورِثُك الاسترخاء والطمأنينة، لتنام بهدوء وتستيقظ بنشاط.

وأقتبس من نزار قباني: «قبل النوم؛ اِلبس أجمل ما عندك، تعطر ورتب غرفتك، فبعض الذين يأتون في الحلم يستحقون حفاوة أكثر من الذين يأتون في الواقع».

لكني لم أستفِدْ وأطبق هذه النصيحة في البدايات، وتدرجت المراحل كالآتي:

المرحلة الأولى: النوم بعد الإجهاد والتعب.

المرحلة الثانية: النوم بعد السياحة إلى جميل الذكريات.

المرحلة الثالثة: النوم بعد السياحة إلى الجنَّة.

اخترت هذه المراحل دون أن تشمل فترة ما قبل التخرج من الجامعة، إذ إنها تغطي الأعوام الثلاثين الأخيرة من حياتي. تخللتها الكثير من فترات الصعود والنزول بموضوع النوم، حتى غزتني ثقافة النوم وبفضول منِّي، فارتقت بي وبنومي وبنصحي للآخرين، متمنيًا ثقافة أدق وأوسع منها لكل راغب في نوم سليم ومريح. وقد قيل: «النوم قد يتقدَّم على الطعام والشراب في بعض الأحيان».

المرحلة الأولى
النوم بعد الإجهاد والتعب

قبل التخرُّج بشهور، طلب مني أحد المعاهد الفنية تدريس مادة في مجال إدارة الأعمال لظروف طارئة استجدَّت لديه. لبَّيت الدعوة للفترة الضرورية وتابعت تحضيري للتخرُّج. تخرَّجت بعين جد مرهقة بسبب الدرس الكثيف، إذ كنت في قسم كبير من الوقت أدرس على ضوء الشمعة، لما كانت تعانيه بيروت من انقطاع في الكهرباء قبل وخلال حرب الإلغاء عام 1990 والحروب المصاحبة لها في تلك الفترة القصيرة. أنهيت دراستي وعيني اليمنى لا تتجاوب جفونها طوعًا وكنت أفتحها أو أغلقها بأصابعي، أما العين اليسرى فكانت أقل ضررًا. بعد التخرُّج، وتراجع فترات القراءة والدرس، بدأت أشعر بتحسن في العينين والنظر. خلال هذه الفترة، كان النوم قليلًا أيضًا، وما أتيح لي من وقت بعد إنهاء الدراسة سلبته مني قذائف المتحاربين. ومع أن الحال بعد التخرج قد تغير، والتفاهم السياسي الذي حصل في لبنان أسكت المدفع وأتاح لي ساعات نوم أكثر، إلا أنها لم تصل إلى 8 ساعات في اليوم.

بدأت العمل المحاسبي تقريبًا بعد التخرج مباشرة، غير أن ظروف البلد وإعادة الإعمار جعلت الأجور ضعيفة ناهيك

عن انهيار قيمة العملة، فوجدت متنفسًا عند تجدُّد طلب إدارة المعهد التعاقد معي للتدريس من بداية العام وبشكل نظامي. لكن الدوام الطويل المتبوع بعمل منزلي في تحضير الدروس وتصليح أو تصحيح الامتحانات، أورثني الإرهاق وأصاب نومي في الصميم؛ حتى أن عطلة الصيف الدراسية قضمتها الامتحانات الرسمية والتصحيح وغير ذلك، فضلًا عن متابعتي للدراسات العليا في اختصاصين وجامعتين مختلفتين. كل هذا جعل نومي متقطِّعًا ودون العدد الطبيعي للساعات اللازمة، غير أني استحدثت بعض ساعات النوم النهارية استهللتها في الصيف، وهي عادة امتدت إلى اليوم، فكلما سنحت لي الفرصة ويلوح النعاس اغتنمتها.

لاحقًا عانيت من غزوات نومٍ لا تقاوم، ولمرات متعددة خصوصًا بعد الغذاء، لدرجة أني كنت أبعد الجالسين بقربي على الكنبة لتناول الغذاء، وأتمدَّد في مكاني، وأخلد للنَّوم مباشرة ولأكثر من ساعة.

بعد سنة، كنت حينها قد تركت التعليم المهني وتفرغت للتعليم الجامعي بدوامات طويلة وفي ثلاث محافظات، وكان الإرهاق من التنقل يعادل أو يزيد على الإرهاق من العمل، إلى أن عايشت تجربة قاسية تمثلت بإصابتي بشبه شلل كامل في جسدي ولمدة ثلاثة أيام؛ كنت أسقط مهما حاول إخوتي تسنيدي للوقوف، حتى أني عجزت عن التقلُّب في سريري إلا بمساعدة الأهل. بعد العلاج ومحاولة الراحة بتُّ أغفو بشكل

أفضل، ويحتمل بسبب الأدوية، وخرجت من الأزمة في غضون أسبوع أو أكثر وحاولت بعدها الموازنة بين العمل والصحة.

اتخذت عدة قرارات لتنظيم حياتي، فتخليت في الدراسات العليا في اختصاصي الأساسي وتابعت في الاختصاص الجديد، حرصًا على تنويع علومي، وكذا جمدت الاختصاص الثاني بعد شهور، لرغبتي في توسيع أعمالي المحاسبية الخاصة وزيادة دخلي وكنت قريبًا من الخطبة والزواج. هذه التعديلات كان لها عظيم الأثر في تنسيق ساعات نومي وزيادتها، إلا أنها اختلَّت من جديد بعد الزواج وزيادة الأعمال الخاصة، وبلحظة صحية بدت ملامحها تنذر بما لا أحب، قنَّنت أعمالي بطريقة جديدة ونسقتها لصالح التعليم، وغدوت أكثر تركيزًا في حياتي العملية والشخصية، مما انعكس انتظامًا أوسع في ساعات النوم.

ثم كان التحول بالعودة للدراسات العليا وبشكل مركز، فكانت الماجستير أكثر من مرهقة، وخطفت من نومي ساعات كثيرة، وبدأت أعاني من تشنجات قاسية في جسدي لا سيما في شقِّه الأيمن، ما استدعى خضوعي لجلسات علاج فيزيائي، خصوصًا في لحظات التأزُّم. في تلك المرحلة تصالح النوم مع الألم وأصبحا رفيقين في جل أوقات الرقاد والاسترخاء. بعد الماجستير وكسر هيبة ورهبة الدراسات العليا، كان القرار بإدارة مرحلة الدكتوراه بطريقة مختلفة وجديدة، وفي الحقيقة نجحت وإلى حدٍّ كبير، وكانت بداية المرحلة الثانية.

المرحلة الثانية

النوم بعد السياحة إلى جميل الذكريات

الدروس المستفادة من مرحلة الماجستير فتحت عينيَّ على الكثير من الأمور، وصدق من قال: كي ترى أكثر اقرأ أكثر، فكثرة القراءة وتعدُّد وتنوع المراجع وما أعقب ذلك من الإطلالة على عديد من العلوم المصاحبة، أكسبني لذَّة تذوق العلوم الشرقية ومعاني عبارات العباقرة والفلاسفة وأصحاب الخبرات الواسعة، وأضحيت أتمعَّن بقصير العبارة، وأستقرئ معاني عديدة، كأنها مختصر لصفحات وأجزاء من الكتب.

ومن عناصر التحوُّل في تفكيري وبرمجة حياتي الخاصة والعملية بعد الذي سبق، كانت آلية النوم؛ اعتمدتها مراعيًا فيها التوقيت والظروف المحيطة والحالة المزاجية لا سيما في اللحظات الأخيرة قبل النوم.

تنبَّهت للكثير من النصائح والأفكار التي تدعو الإنسان إلى تقليل نشاطه العقلي والعصبي في الدقائق الأخيرة قبل النوم، بل تحثُّه على الإيجابية وتركيز ذهنه على كل صورة وفكرة وصوت جميل ألِفته نفسه، واطمأنَّت له روحه. ووفق برمجته العقلية الخاصة، وإمعانه في التركيز على الأليف والمطمئن من الأفكار والأمور، ينال الهدوء والاسترخاء ويحصد الجودة في

النوم، فينهض نشيطًا ومتفائلًا، وقد استعاد الكثير من بدائل العقل الباطن، المعينة له على حلِّ أعقد المشكلات.

حصدتُ نتائج هذه السياسة الجديدة في النوم، وأضحيتُ أكثر هدوءًا وأعمق تفكيرًا وأكثر إقبالًا على المطالعة، وزادت رغبتي بتعلم علوم جديدة. وسرَّني من نفسي أنني بت أكثر قدرة على الربط بين الأمور، ودعمَ كل ذلك تدربي على القراءة السريعة، والنظر لكثير مما يحدث حولنا وإعادة صياغته بطريقة تحليلية منطقية، مع تركيزي على استراتيجيات الأمور دون التوقف عند تكتيكاتها أو تفصيلاتها.

نجحت في النظر للأمور من بعيد حتى وإن كنت داخلها، ففزت بتوقع الكثير من العواقب. وبعد تعمُّقي في علوم المخاطر، دعمني علم البدائل الإدارية الذي يُنصح به لصياغة القرارات عمومًا والاستراتيجية خصوصًا، ثم بدائلها المحتملة والمتدرجة.

بعد الدكتوراه جاءني عرض عمل في أحد البنوك الإسلامية، وكنت ميالًا إليه، ولكني جوبهت بتحفُّظ من أهل بيتي؛ كانوا مُقرِّين بأهمية الفرصة، إلا أن قلقهم على صحتي جعلهم متخوفين من تعرضي للمزيد من التعب. وكانت التسوية بأن أقلص ساعات تدريسي للخمس، وحصرها في أيام قليلة من بعد الظهر، إلى جانب الوظيفة بدوام محدَّد.

نجحت وحصدت ساعات نوم أكثر استقرارًا مع النوم بعد الظهر، لتعويض النوم المتقطع ليلًا. وبعد السنة الأولى بدأت الأعمال تتوسع وكذا المسؤوليات المحلية والإقليمية، وزاد

السفر للمؤتمرات والندوات وجلسات المعايير المتخصصة؛ عدت لاختلال النوم وعدم التحكم بساعاته، وحُرمت النوم النهاري. استمر الأمر ما يقرب من سنتين، وكان لا بدَّ من وقفة مع النفس وإعادة برمجة الأمور للمصلحة الذاتية رغم لذَّة الشهرة والنجاحات.

تواكبت هذه الأوقات مع التأليف والتصنيف العلمي لسببين:

1. تحقيق رغباتي في إصدار كتب متخصصة بنكهة متميزة مضيفة.

2. دواعي الترقية الأكاديمية، وقد حزت ترقيتين، ولله الحمد.

لم يمرَّ هذا الأمر دون تكلفة صحية وجسدية وعلى حساب النوم طبعًا، غير أن التركيز على الجمال والجميل في الطير والحيوان والمكان، لا سيما المناظر الطبيعية للأنهار والسهول والجبال وغيرها، خفَّف عني ما أعانيه، حتى تصاحبت مع الكثير من مناظر الطبيعية وتعلَّقت بكل جديد أراه فيها، وتعلمت أن بعضها متاح إلكترونًا ومباشرة من خلال «البث الحيِّ»، فتابعتها وتنقلت بينها وكأني في ترحال بين البلاد. لم يكن هذا قبل النوم مباشرة كما النصيحة الأساس، بل كان لساعات خلال أيام الأسبوع، وكنت أمُنُّ على نفسي ببعضها قبل إغلاق عينيَّ للنَّوم.

التمعن بالجمال وبديع صنع الخالق، انعكس عليَّ نفسيًّا وجسديًّا، بل تخطى تأثيره حتى لامس أساليب تفكيري وتناولي للموضوعات التي تشهدها وقائع حياتي المهنية والاجتماعية والأكاديمية. ظننت أني حزت السرَّ، وصار السرير يناديني

حتى قبل موعد نومي للتفكر بمخزون الجمال وإعادة النظر فيه، وكنت أنام من تعب التفكر والتأمل بالجمال. هي مرحلة بدأت ألحظ فيها الإبداع في معتاد الصور الطبيعية وغيرها، حتى أضحيت أتساءل عن مركبات الجمع بين بعض الصور، أو تخيُّلي لصور استحدثها عقلي، وكل هذا مهَّد -مع دقة التفكير والتمعُّن- للمرحلة التالية.

المرحلة الثالثة

النوم بعد السياحة إلى الجنَّة

ما إن بدأت برسم لوحاتي الذهنية الخاصة، مستمتعًا بتنسيقها وألوانها، وبهدوئها وعمقها، حتى غزتني لحظات التأمُّل على نطاق أوسع داخل وخارج أوقات العمل، وشعرت بنفسي أمتلك ناصية أمر جميل، وسألت نفسي كيف سيتطور الأمر بعد ذلك؟!

أحمد الله على عظيم كرمه ومنِّهِ عليَّ، بأن أضحَت ساعات النوم على قلَّتها وتقطعها أكثر متعة لنفسي وراحة لجسدي؛ وفي الإجازات كنت أسترخي في سريري بعد موعد الاستيقاظ المعتاد فأفوز ببعض النوم، وكان بنكهة مختلفة تشبه طعم التكريم بعد الإنجاز.

غير أن عملي المصرفي وقبل أن أغادره، أضحى مرهقًا ومصحوبًا بالتوتر والقرارات الصعبة، وأخذ مني متعة وجودة النوم التي كنت أنعم، فكان قراري التقاعد الاختياري.

اتخذت القرار مختارًا بالإبقاء على قليل الساعات كوصلة بين العلم والعمل، وتأقلمت سريعًا مع الوضع الجديد، خصوصًا أني كنت قد أرجأت العديد من مشاريع التأليف. وتتالى العمل وإصدار الكتب وبدأت أخطو خطوات أعمق في مجالات أدق، ودرجت برغبة معلنة أو مضمرة في مجالات جديدة كالقصة

القصيرة والطويلة، غير أن الكتب في حديث العناوين ومستجدها كان الإنجاز فيها أيسر وأسرع.

هذا النسق العقلي الجديد أورثني هدوءًا أكثر في النوم، ولكن زادت مرات الاستيقاظ عما كان سابقًا، وغالب ظنِّي مردُّه إلى غزو أفكار التأليف التي كانت توقظني لأجلس أمام كمبيوتري، لكتابة فكرة جديدة أو تعديل قديمة أو الولوج في زاوية جديدة في أحد الموضوعات.

كانت فترات النصف الثاني من تأليف الكتاب أكثر إرهاقًا في العادة، بسبب الرغبة الجارفة في الاستكمال والكتابة؛ وعاد هذا الإلحاح عليَّ بمصاعب جمَّة على صعيد ساعات وجودة النوم، وما إن أختم الكتاب حتى أمر بفترتين لأستعيد نومي:

1. الاقتناع بأني أتممت الأمر، ويمكنني الاسترخاء.
2. استرجاع ساعات نومي.

صادفتني فترة انقطعت فيها عن التأليف اختياريًا، فاسترجعت متعة التفكر بجماليات الطبيعة وكل صورها البديعة، وتوسعت في استخدام تطبيقات الهواتف الذكية من أجل الاسترخاء والنوم العميق، وفيها من البدائل الموسيقية الشيء الجم، وأجملها زقزقة أرقِّ الطيور وأعذبها، وأصوات خرير الماء وتكسر أمواج المحيط ونظائرها، أما جديدها فكانت أنماطًا موسيقية غريبة تتواءم مع موجات الدماغ، وإن بدت مستهجنة لمن لا يعرف مغزاها ومفاعيلها.

1. أنهار الجنَّة

في إحدى الليالي وأنا أتفكَّر: على أي جميل سأغلق عينيَّ؟ وردني خاطر يقول: أنت تستمتع بجمال الدنيا، فهلا تفكرت ببعض جمال الجنَّة؟ ووجدتني للحظة أتعرض لشعورين متناقضين كي لا أقول صاعقتين متعارضتين، وقلت نعم صحيح، خاصة أن الله أعدَّ فيها لعباده ما لا عين رأت، ولا أذنٌ سمعت، ولا خطر على قلب بشر. واحترتُ من أين أبدأ وأتفكر، فسألت نفسي سؤالًا: ما أحبُّ صُوَر الجمال إلى قلبك يا سمير؟ وكان جوابي لنفسي: المياه وخصوصًا الأنهار.

مباشرة راودتني الأفكار عما نحفظ عن أنهار الجنَّة وأنها أربعة، كما قال تعالى: ﴿مَثَلُ الْجَنَّةِ الَّتِي وُعِدَ الْمُتَّقُونَ ۖ فِيهَا أَنْهَارٌ مِنْ مَاءٍ غَيْرِ آسِنٍ وَأَنْهَارٌ مِنْ لَبَنٍ لَمْ يَتَغَيَّرْ طَعْمُهُ وَأَنْهَارٌ مِنْ خَمْرٍ لَذَّةٍ لِلشَّارِبِينَ وَأَنْهَارٌ مِنْ عَسَلٍ مُصَفًّى ۖ وَلَهُمْ فِيهَا مِنْ كُلِّ الثَّمَرَاتِ وَمَغْفِرَةٌ مِنْ رَبِّهِمْ ۖ كَمَنْ هُوَ خَالِدٌ فِي النَّارِ وَسُقُوا مَاءً حَمِيمًا فَقَطَّعَ أَمْعَاءَهُمْ﴾ [محمد:15].

بدأت العد:

- نهر ماء.
- نهر لبن.
- نهر خمر.
- نهر عسل.

وبدل أن يذهب تركيزي إلى تخيُّل مكوِّن الأنهار من ماء أو غيره، وجدتني أتذكر أنها لا تجري في أخاديد كأنهار الدنيا فقد ورد في:

التفسير: «أنهار الجنَّة ليست في أخاديد، إنما تجري على سطح الجنَّة منضبطة بالقدرة حيث شاء أهلها[1]».

الحديث: «عن أنسِ بنِ مالكٍ قال: أظنكم تظنون أنَّ أنهارَ الجنَّة أُخدودٌ في الأرضِ، لا واللهِ، إنها لسائحةٌ على وجهِ الأرضِ، إحدى حافَّتَيها اللؤلؤُ والأُخرى الياقوتُ، وطينُها المسكُ الأذْفرُ، قال: قلتُ: ما الأَذْفرُ؟ قال: الذي لا خِلطَ له[2]».

فكان التساؤل: أعلم أن الله على كلِّ شيء قدير وأنه الخالق، يخلق ما يريد على ما يريد، ولكن كيف لعقلي تخيل ما لم يعتَدْهُ من جريان الأنهار؟ وجدتني أجيب نفسي بما مهدت به من أنه الخالق. ولحظتها، انصرف ذهني لتخيُّل محتوى النهر وكيف سيكون جريانه؟ ومن أي موقع سأنظر له؟ وإلى غير ذلك، ثم قلت: هذا للماء، فكيف للبن والخمر والعسل؟ وبلحظة قلت: يا نفس تمهلي وركِّزي على شيء واحد، ثم تفكري بما يليه، كي لا أفوت فرصة التذوق والاستمتاع بجمال خلق الله الذي مهما جمَّلته وبكل ما أعرفه في الدنيا، سألقاه يوم القيامة، على ما وعد الله، أجمل وأمتع وأرقى، وهذا سيزيدني سعادةً سرورًا.

لليالي متعددة تخيَّلت نهر الماء وعذوبته وصفاءه وتدفقه، وما قد يحوي من مخلوقات إن كان هذا ينطبق عليه! ومرة تساءلت هل سأمارس تدريب التحديق في الماء لجلاء الذهن وصفاء النفس كما كنت أتدرب في الدنيا؟ وأجبت نفسي: الجنَّة لا كدر ولا عكر ولا غير ذلك فيها، فهي دار النعيم.

---

1 تفسير القرطبي، [النحل31]، http://quran.ksu.edu.sa/tafseer/qortobi/sura16-aya31.

2 أخرجه ابن أبي الدنيا في صفة الجنَّة، رقم (69).

2. أنبياء الله

الخاطر التالي بعد الماء، وجدتني قد استحضرت حديث «124000 ألف نبيٍّ»، ففي مسند الإمام أحمد عن أبي ذرٍّ رضي الله عنه، «قال: قلت يا رسول الله، كم المرسلون؟ قال: ثلاثمائة وبضعة عشر، جمًّا غفيرًا، وقال مرة: «خمسة عشر[1]».

وفي رواية أبي أمامة: «قال أبو ذرٍّ: قلت يا رسول الله: كم وفاء عدة الأنبياء؟ قال: مائة ألف، وأربعة وعشرون ألفًا، والرُّسل من ذلك: ثلاثمائة وخمسة عشر، جمًّا غفيرًا[2]».

ونحن نعلم فقط من ذكرهم الله في كتابه، خمسة وعشرين نبيًا ورسولًا.

طبعًا استهللت التفكر بحبيبي رسول الله مُحمَّد صلَّى الله عليه وسلَّم، فإنْ حِزْتُ شرف زيارته فسأتردد عليه كثيرًا:

أولًا: كي أستمع لما يقول، وأستمتع بجميل خصاله ولطيف فعاله.

ثانيًا: أسمع منه قصة بعثته ورحلتها من وجهة نظره، رغم ما عرفناه عنها من الروايات، وكيف تحمل عبء الرسالة؟ وكيف أهَّله الله لذلك؟ وكيف اعتاد رؤية سيِّدنا جبريل عليه السلام في دار الدنيا؟ وكيف نظر لفعال قريش معه؟ أسئلة تليها أسئلة، حتى وجدتني أستيقظ صباحًا وكأني ما نمت، بل كأني تنبَّهت بعد

1 رواه أحمد (178/5) (21586)، والحاكم (2/652)، والبيهقي (4/9) (18166). والهيثمي في (مجمع الزوائد) (164/1).

2 رواه أحمد (265/5) (22342).

سريع سهوة وليس غفوة، لأستهل يومي بصباح مؤنس ونفس راغبه بالمزيد من الاستمتاع بحضرة الحبيب المصطفى صلَّى الله عليه وسلَّم.

تواترت الليالي وأنا أسأله كيف ترتِّب أصحابك؟ وكيف عرفت معادنهم، ووظفتهم بأماكنهم المناسبة؟ وما موقع غزوة بدر من نفسك وهي الأولى في الإسلام؟ وكيف كانت ظروفها من البداية حتى النصر؟ وكيف قرأت رسائل هذا النَّصر في نفوس القبائل العربية عمومًا؟ وما أهم بركاتها في نشر الإسلام؟

ورحت كل نهار أدندن بأسئلة أحبُّ أن أسمع أجوبتها من ثغر الحبيب المصطفى صلَّى الله عليه وسلَّم، وكل ليلة أغفو على عدد من الأسئلة وبعض الإجابات المتخيلة، لأستيقظ وأردد باقي الأسئلة.

هذه الهِبة الربانية التي قدرها الله لي أورثتني النوم الهانئ وبجودة طيبة؛ وحين كانت الظروف تحكم وأتأخر بالنوم أو أستيقظ لطارئ ما، أو في غير المواعيد الطبيعية، كنت أشعر وكأني أفارق عزيزًا، أو أنسلخ عن جميل أحبُّه.

بدأ حبِّي للنوم يزداد دون واسع تغير في عدد ساعاته بل بنوعيته، ثم تنبَّهت إلى أني أحب لحظات ما قبل النوم أكثر من النوم ذاته، لما فيها من تأمل وإمعان خيال بوعد الله وما ينتظرنا في واسع جنته.

ولاحقًا في إحدى الليالي، وأنا استذكر رسول الله صلَّى الله عليه وسلَّم، تذكرت مدح نبيِّنا لصوت نبيِّ الله داود عليه الصلاة والسلام، فقلت: «إنْ تسنَّت لي زيارته، سأستمع له، وأتواصل

معه، وأستوضحه عن مهمته التي أوكله الله إياها، وعن قومه، وعن سيدنا سليمان عليه الصلاة والسلام. وسأسأله ما قصة النعجة؟ وكيف كان يصنع الحديد؟ وعن كثير مما تعلمناه من سيرته».

هذه النقلة في التفكُّر من رسول الله صلَّى الله عليه وسلَّم إلى نبيِّ الله دواد عليه السلام، لم تضر بساعات نومي، بل تعلَّمت منها أني أستطيع الاستمتاع بقصص الأنبياء، خصوصًا من لم يذكر القرآن أسماءهم.

وكالعادة رتبت الكثير مما سبق من أسئلتي وغيرها، مما أحب أن أسألها لكل نبيٍّ من الأنبياء الـ 124000 والرُّسُل من بينهم صلوات الله عليهم جميعًا، وفي مقدمتها ظروف نشأته ودعوته ومقابلته للأزمات التي كانت تستجد في سبيل النهوض بتكليف الله له.

3. خير نساء الجنَّة

وبعد بضع ليالٍ، طرأت سيرة نساء الجنَّة على خاطري. وجدتني أستذكر السيدة مريم عليها السلام وامرأة فرعون رضوان الله عليها؛ راجعت حديث خير نساء الجنَّة، فوجدت من حديث أمِّ المؤمنين عائشة رضي الله عنها أنها قالت لفَاطِمَةَ رضيَ اللهُ عنها، بنتِ رسُولِ الله صلَّى اللهُ عليه وسلَّمَ: «أَلَا أُبَشِّرُك، إنِّي سَمِعْتُ رَسُولَ الله صَلَّى اللهُ عَلَيْهِ وَسَلَّمَ يَقُولُ: سَيِّدَاتُ نِسَاءِ أَهْلِ الجنَّة أَرْبَعٌ: مَرْيَمُ بِنْتُ عِمْرَانَ، وَفَاطِمَةُ بِنْتُ رَسُولِ الله صَلَّى اللهُ عَلَيْهِ وَسَلَّمَ، وَخَدِيجَةُ بِنْتُ خُوَيْلِدٍ، وَآسِيَةُ[1]».

1 حديث صحيح، أخرجه الإمام أحمد في «فضائل الصحابة» (1331)، و»الحاكم في المستدرك» (4853).

ولمعت في خاطري أفكار وأسئلة للسيدة مريم: كيف نهضتْ بهذا العبء؟ وما هذه الثقة التي جعلتها تشير لرضيع أن اسألوه؟ وما كان من قصتها قبل الحمل وخلاله وبعده؟ وكيف تابعت نشأة نبيِّ الله عيسى عليه السلام؟ وكيف كانت أيامها وحالها ونفسيتها بعد رفع نبيِّ الله عيسى عليه السلام؟

وبعد ليلة نوم هادئة وجدتني نهارًا أتفكَّر في أسئلة أطرحها على السيدة آسية بنت مزاحم زوجة فرعون، وكان رصيد الأسئلة حتى الدخول للنوم كبيرًا، غير أن الطاغي منها: ما سبب هدايتها؟ وكيف تعايشت مع فرعون؟ وكيف استطاعت الاستمرار على الإيمان؟

أسئلة تأتي من كل حدب وصوب، وكنت أتخيل بأني أستمع للقصة من أصحابها بدقة تفاصيلها وحيثياتها ومعونة الله لهم، وقبل ذلك كيف هيَّأَهُم الرَّحمن لمكانتهم؟

بالطبع، كنت في كل مرة أضع احتمالات للأجوبة وأقص القصة لنفسي، وفق احتمال أول وثانٍ وثالث وأحيانًا أكثر، حتى أن بعضها كنت أتمتمه صباحًا عند النهوض من الفراش.

في إحدى الليالي، والنعاس يرهقني، وجدتني أسأل هل السيدة خديجة تفرَّست في النبيِّ مُحمَّد صلَّى الله عليه وسلَّم، أم كان الأمر مجرد توفيق من الله عزَّ وجلَّ؟ وتبعات السؤال ظاهرة في مؤازرتها له:

أولًا: نفسيًّا عبر محاولة تثبيته واستعانتها بقريبها ورقة بن نوفل.

ثانيًا: ماديًّا بأموالها لدعم دعوة النبي صلَّى الله عليه وسلَّم.
ثالثًا: معنويًّا داخل البيت وخارجه بكل ما يعينه على النجاح في دعوته.

وانتقلت بتساؤلاتي للجانب العاطفي؛ ومنها: كيف تنظر لما نالت من مكانة في حياتها وبعد مماتها عند الحبيب المصطفى صلَّى الله عليه وسلَّم؟ وهي اليوم تعلم ما كان في حياتها وما بعد مماتها، وكيف كان يكرم أحبابها وصديقاتها إلى غير ذلك من الشواهد.

في تلك الليالي المميزة، كنت أنام وكأني مستيقظ، أتابع سيل الأسئلة وأستمع لرواياتهم، ومن كثرة تفاصيل بعضها كنت أستيقظ مرهقًا كالخارج من سباق للجري.

حاولت أن أنغمس في نفس النهج مع نوم النهار فلم أفلح، ووجدت الأمر غريبًا ومستهجنًا، ثم توقفت بعد فترة عن المحاولة. أما عقليًّا فلم أجد جوابًا للأمر، وكنت أتساءل ما الفارق بين لحظات ما قبل النوم نهارًا أو ليلًا؟ دون أدنى شك؛ هناك فارق لم أدرك أنا حقيقته.

4. جغرافية الجنَّة

في حياتي العادية أحب معرفة جغرافيات المكان وخصائصه الطبيعة وتنوعه البيولوجي، وأشهر الحيوانات والنباتات فيه، وخصائص وثقافة أهله، إلى غير ذلك مما أضمه لمكونات المكان في الاستيضاح والتعرف.

وطرأ على بالي سؤال: من أسأل عن جغرافية الجنَّة؟ ومن سيجيبني؟ وتذكرت بعض الأحاديث عن حديث الجنَّة وكلامها،

عندها قلت من الممكن أن يأتيني الجواب من الجنَّة نفسها إن شاء الله ذلك، ومن هذه الأحاديث:

- عن أبي سعيد الخدري عن النبيِّ صلَّى الله عليه وسلَّم قال: «خلق الله تبارك وتعالى الجنَّة لَبِنة من ذهب ولَبِنة من فضَّة، وملاطها المسك، وقال لها: تكلمي، فقالت: قد أفلح المؤمنون، فقالت الملائكة: طوبى لك منزل الملوك[1]».
- عن أبي هريرة عن النبيِّ صلَّى الله عليه وسلَّم: «اختصمت الجنَّة والنار، فقالت الجنَّة: أي رب، ما لها يدخلها ضعفاء الناس وسقطهم؟ وقالت النار: يا ربِّ، ما لها يدخلها الجبارون والمتكبِّرون؟ فقال الله عز وجل للجنَّة: أنتِ رحمتي أصيب بك من أشاء، وقال للنار: أنت عذابي أُصيب بك من أشاء، ولكل واحدة منكما ملؤها[2]».
- روى الليث بن سعد عن معاوية بن صالح عن عبد الملك بن بشير، ورفع الحديث قال: «ما من يوم إلا والجنَّة والنار يسألان، تقول الجنَّة: يا ربِّ قد طاب ثمري، واطردت أنهاري، واشتقت إلى أوليائي، فعجِّل

1 رواه الطبراني في المعجم الأوسط، (99/4). وقال الهيثمي في مجمع الزوائد، (732/10): رواه البزار مرفوعًا وموقوفًا والطبراني في الأوسط، إلا أنه قال عن النبي صلَّى الله عليه وسلَّم: «إن الله خلق جنة عدن بيده لبنة من ذهب ولبنة من فضَّة»، والباقي بنحوه ورجال الموقوف رجال الصحيح وأبو سعيد لا يقول هذا إلا بتوقيف.

2 رواه الإمام أحمد (10588)، وفي كتاب «حادي الأرواح إلى بلاد الأفراح»، البخاري (7011)، ومسلم (2846).

إليَّ بأهلي، وتقول النار: اشتدَّ حرِّي، وبعُد قعري، وعظُم جمري، فعجِّل عليَّ بأهلي[1]».

1-4. تقسيم موضوعات الجنَّة عند ابن أبي الدنيا وابن القيِّم

هدوء النفس الذي نعِمتُ به من جميل النوم ليلًا، والتفكُّر نهارًا بمزيد من الأسئلة أحبُّ أن أطرحها على أهل الجنَّة، لا سيما «الأنبياء ثم صحابة كل نبيٍّ»، أرشدني إلى أن عليَّ أن أضبط مسار هذه النِّعمة وألا أجعلها انفعالية سريعة التنقل من نبيٍّ إلى نبيٍّ أو من موضوع إلى موضوع. فبعد البحث والتحقق اهتديت إلى أهمِّ كتابين يختصان بالجنَّة:

- كتاب «صفة الجنَّة وما أعدَّ الله لأهلها من النعيم» لمؤلفه: ابن أبي الدنيا (المتوفى: 281هـ).
- كتاب «حادي الأرواح إلى بلاد الأفراح»، لمؤلفه ابن قيم الجوزية (المتوفى: 751هـ).

كتاب ابن أبي الدنيا، موجز ومباشر ولطيف مؤنِس، غير أن التوسع والاستفاضة وجدتها عند ابن القيم، حتى أنه أسند العديد مما روى لابن أبي الدنيا.

وبالتعرُّف على عموم تقسيمات الكتاب تتَّضح الفسحات والفضاءات التي يمكن للمرء أن يتحرك داخلها في اختيار موضوعات النقاش، وترتيب أسئلة اللقاء المرغوب، وتخيل

---

1 أخرجه البيهقي، في البعث والنشور، (192)، نقلًا عن كتاب «حادي الأرواح إلى بلاد الأفراح»، لابن القيم، الباب الأول في بيان وجود الجنَّة الآن، مطبوعات منظمة المؤتمر الإسلامي، مجمع الفقه الإسلامي، جدة، ص 43.

الإجابات باحتمالاتها الموسعة والضيقة والمباشرة والرمزية وما بينها جميعًا، لتنطلق النفس في ترتيب جدول الليلة القادمة أو الليالي التالية والمتعاقبة، وتفوز بشعور الاستمتاع قبل معايشته الفعلية؛ ومع التراكم يجد المرء، نفسه وذاته، تحصد في الدنيا غيضًا من فيض النعيم وجمال وألق وروعة الجنَّة بأهلها ومخلوقاتها وتركيبها.

أما إحصائيًّا، فتخيَّل عدد الاحتمالات التي قد تتاح للشخص الواحد إذا نظرنا إلى نتيجة المعادلة التالية:

(موضوعات الجنَّة × تغير المزاج بين الليل والنهار أو الأسابيع والشهور والفصول وحتى تعاقب السنوات).

ثم تخيَّل المعادلة إذا أضفنا لها:

(عدد البشر × أمزجتهم وآرائهم المتعددة المتغيرة = احتمالات أوسع من أن تحصى أو تُعد).

4-1-1. أبواب كتاب ابن أبي الدنيا «صفة الجنَّة وما أعد الله لأهلها من النعيم»

رقم الباب	عنوان الباب	رقم الباب	عنوان الباب
1	صفة شجرة الجنَّة.	12	لسان أهل الجنَّة.
2	شجرة طوبى.	13	حلي أهل الجنَّة.
3	أنهار الجنَّة.	14	أبواب أهل الجنَّة.
4	طعام أهل الجنَّة.	15	تزاور أهل الجنَّة ومنتزهاتهم.
5	شراب أهل الجنَّة.	16	سوق أهل الجنَّة.
6	لباس أهل الجنَّة.	17	غناء أهل الجنَّة.
7	فراش أهل الجنَّة.	18	جماع أهل الجنَّة.
8	قصور أهل الجنَّة.	19	الحور العين.
9	درجات أهل الجنَّة.	20	صفة الحور العين.
10	ملك أهل الجنَّة.	21	باب جامع من ذكر الجنَّة.
11	خدم أهل الجنَّة.		

2-1-4. أبواب كتاب ابن القيم «حادي الأرواح إلى بلاد الأفراح»

رقم الباب	عنوان الباب	رقم الباب	عنوان الباب
1	صلته غير مباشرة بالموضوع.	36	في ذكر غرفها وقصورها وخيامها.
2	صلته غير مباشرة بالموضوع.	37	في ذكر معرفتهم لمنازلهم ومساكنهم إذا دخلوا الجنَّة وإن لم يروها قبل ذلك.
3	صلته غير مباشرة بالموضوع.	38	في كيفية دخولهم الجنَّة وما يستقبلون عند دخولها.
4	صلته غير مباشرة بالموضوع.	39	في ذكر صفة أهل الجنَّة في خلقهم وطولهم وعرضهم ومقدار أسنانهم.
5	صلته غير مباشرة بالموضوع.	40	في ذكر أعلى أهل الجنَّة منزلة وأدناهم.
6	صلته غير مباشرة بالموضوع.	41	في تحفة أهل الجنَّة إذا دخلوها.
7	صلته غير مباشرة بالموضوع.	42	في ذكر ريح الجنَّة ومن مسيرة كم ينشق.
8	صلته غير مباشرة بالموضوع.	43	في الأذان الذي يؤذن به مؤذن الجنَّة فيها.
9	في ذكر عدد أبواب الجنة.	44	في أشجار الجنَّة وبساتينها وظلالها.
10	في ذكر سعة أبوابها.	45	في ثمارها وتعداد أنواعها وصفاتها وريحانها.

11	في صفة أبوابها وأنها ذات حلق.	46	في زرع الجنّة.
12	في ذكر المسافة ما بين الباب والباب.	47	في ذكر أنهار الجنّة وعيونها وأصنافها ومجراها الذي تجري عليه.
13	في مكان الجنّة وأين هي؟	48	في ذكر طعام أهل الجنّة وشرابهم ومصرفه.
14	في مفتاح الجنّة.	49	في ذكر آنيتهم التي يأكلون فيها ويشربون وأجناسها وصفاتها.
15	في توقيع الجنّة ومنشورها (جواز مرور)، يوقع به لأصحابها بعد الموت وعند دخولها.	50	في ذكر لباسهم وحليهم ومناديلهم وفرشهم وبسطهم ووسائدهم ونمارقهم وزرابيِّهم.
16	في توحُّد طريق الجنّة، وبأن لها طريقًا واحدًا.	51	في ذكر خيامهم وسررهم وأرائكهم وبشخاناتهم (ناموسياتهم).
17	في درجات الجنّة.	52	في ذكر خدمهم وغلمانهم.
18	في ذكر أعلى درجاتها واسم تلك الدرجة.	53	في ذكر نساء أهل الجنّة وأصنافهنَّ وحسنهنَّ وأوصافهنَّ وجمالهنَّ الظاهر والباطن، الذي وصفهنَّ الله تعالى به في كتابه.
19	في طلب أهل الجنّة لها من ربِّهم وطلبها لهم وشفاعتها فيهم إلى ربِّهم عزَّ وجلَّ.	54	في ذكر نكاح أهل الجنّة ووطئهم والتذاذهم بذلك أكمل لذة، ونزاهة ذلك عن المذي والمني والضعف، وأنه لا يوجب الغسل.

20	في عرض الربِّ تعالى سلعته الجنَّة على عباده وثمنها الذي طلبه منهم وعقد التبايع الذي وقع بين المؤمنين وبين ربِّهم.	55	في ذكر المادة التي خلق منها الحور العِين وما ذكر فيها من الآثار، وذكر صفاتهن ومعرفتهنَّ اليوم بأزواجهن.
21	في أسماء الجنَّة ومعانيها واشتقاقها.	56	في ذكر اختلاف الناس هل في الجنَّة حمل وولادة أم لا؟
22	في عدد الجنَّات، وأنها نوعان جنَّتان من ذهب وجنتان من فضَّة.	57	في ذكر سماع الجنَّة وغناء الحور العين وما فيه من الطَّرب واللذة.
23	في خلق الربِّ تبارك وتعالى بعض الجنان وغرسها بيده، تفضيلًا لها على سائر الجنان.	58	في ذكر مطايا أهل الجنَّة وخيولهم ومراكبهم.
24	في ذكر أبواب الجنَّة وخزنتها واسم مقدمهم ورئيسهم.	59	في زيارة أهل الجنَّة بعضهم بعضًا، وتذاكرهم ما كان بينهم في الدنيا.
25	في ذكر أول من يقرع باب الجنَّة.	60	في ذكر سوق الجنَّة وما أعدَّ الله تعالى فيه لأهلها.
26	في ذكر أول الأمم دخولًا الجنَّة.	61	في ذكر زيارة أهل الجنَّة ربِّهم تبارك وتعالى.
27	في ذكر السابقين من هذه الأمَّة إلى الجنَّة وصفتهم.	62	في ذكر السحاب والمطر الذي يصيبهم في الجنَّة.

28	في سبق الفقراء الأغنياء إلى الجنَّة.	63	في ذكر مُلك الجنَّة وأن أهلها كلهم ملوك فيها.
29	في ذكر أصناف أهل الجنَّة الذين ضمنت لهم دون غيرهم.	64	في أن الجنَّة فوق ما يخطر بالبال أو يدور في الخيال، وأن موضع سوط منها خير من الدنيا وما فيها.
30	في أن أكثر أهل الجنَّة هم أمَّة محمد صلَّى الله عليه وسلَّم.	65	في رؤيتهم ربَّهم تبارك وتعالى بأبصارهم جهرة كما يرى القمر ليلة البدر، وتجلِّيه لهم ضاحكًا إليهم.
31	في أن النساء في الجنَّة أكثر من الرجال وكذلك في النار.	66	في تكليمه سبحانه وتعالى لأهل الجنَّة وخطابه لهم ومحاضرته إياهم وسلامه عليهم.
32	فيمن يدخل الجنَّة في هذه الأمة بغير حساب وذكر أوصافهم.	67	في أبدية الجنَّة وأنها لا تفنى ولا تبيد.
33	في ذكر حثيات الربِّ تبارك وتعالى الذين يدخلهم الجنَّة.	68	في ذكر آخر أهل الجنَّة دخولًا إليها.
34	في ذكر تربة الجنَّة وطينتها وحصبائها وبنائها.	69	باب جامع فيه فصول منثورة لم تذكر فيما تقدم من الأبواب.
35	في ذكر نورها وبياضها.	70	صلته غير مباشرة بالموضوع.

5. تقسيم نعيم الجنَّة داخل الباب 64 من أبواب «حادي الأرواح»

خلال قراءة هذا الباب من كتاب «حادي الأرواح إلى بلاد الأفراح»، تجد نفسك أمام بديع التقسيم وجمال تغزل ابن القيِّم بالجنَّة، وكأنه يضع تقسيمًا جديدًا لكتابه أو مدخلًا آخر للتنعُّم بالجنَّة، واستعرضها متتالية واستهلَّ كل منها بعبارة: «إنْ سألت عن...».

قال الإمام ابن القيِّم رحمه الله:[1] وكيف يُقدَّر قدر دارٍ غرسها الله بيده، وجعلها مقرًّا لأحبابه، وملأها من كرامته ورحمته ورضوانه، ووصف نعيمها بالفوز العظيم، وملكها بالملك الكبير، وأودعها جميع الخير بحذافيره، وطهَّرها من كل عيب وآفة ونقص.

1	فإنْ سألت: عن أرضها وتربتها، فهي المسك والزعفران.	19	وإنْ سألت: عن لباس أهلها، فهو الحرير والذهب.
2	وإنْ سألت: عن سقفها، فهو عرش الرَّحمن.	20	وإنْ سألت: عن فرشها، فبطائنها من إستبرق مفروشة في أعلى الرتب.

---

[1] محمد بن أبي بكر بن أيوب بن سعد شمس الدين، ابن قيم الجوزية (المتوفى: 751هـ)، كتاب «حادي الأرواح إلى بلاد الأفراح»، مطبوعات منظمة المؤتمر الإسلامي، مجمع الفقه الإسلامي، جدة، دار عالم الفوائد للنشر والتوزيع، المجلد 1، ص 597- 604.

3	وإنْ سألت: عن بلاطها، فهو المسك الأذفر.	21	وإنْ سألت: عن أرائكها، فهي الأسرَّة عليها البشخانات (الناموسيات)، وهي: الحجال مزررة بأزرار الذَّهب، فما لها من فروج ولا خلال.
4	وإنْ سألت: عن حصبائها، فهو اللؤلؤ والجوهر.	22	وإنْ سألت: عن أسنانهم، فأبناء ثلاثة وثلاثين، على صورة آدم عليه السلام، أبي البشر.
5	وإنْ سألت: عن بنائها، فلبنة من فضَّة ولبنة من ذهب، لا من الحطب والخشب.	23	وإنْ سألت: عن وجوه أهلها وحسنهم، فعلى صورة القمر.
6	وإنْ سألت: عن أشجارها، فما فيها شجرة إلا وساقها من ذهب.	24	وإنْ سألت: عن سماعهم، فغناء أزواجهم من الحور العِين، وأعلى منه سماع أصوات الملائكة والنبيين، وأعلى منهما سماع خطاب ربِّ العالمين.
7	وإنْ سألت: عن ثمرها، فأمثال القلال، ألين من الزبد وأحلى من العسل.	25	وإنْ سألت: عن مطاياهم التي يتزاورون عليها، فنجائب أنشأها الله مما شاء، تسير بهم حيث شاؤوا من الجنان.
8	وإنْ سألت: عن ورقها، فأحسن ما يكون من رقائق الحلل.	26	وإنْ سألت: عن حليهم وشارتهم، فأساور الذهب واللؤلؤ على الرؤوس ملابس التيجان.

9	وإنْ سألت: عن أنهارها، فأنهارها من لبن لم يتغيَّر طعمه، وأنهار من خمر لذَّة للشاربين، وأنهار من عسل مصفى.	27	وإنْ سألت: عن غلمانهم، فوِلْدان مخلدون، كأنهم لؤلؤ مكنون.
10	وإنْ سألت: عن طعامهم، ففاكهة مما يتخيرون، ولحم طير مما يشتهون.	28	وإنْ سألت: عن عرائسهم وأزواجهم، فهن الكواعب الأتراب، اللائي جرى في أعضائهن ماء الشباب...
11	وإنْ سألت: عن شرابهم، فالتسنيم والزنجبيل والكافور.	29	وإنْ سألت: عن السنِّ، فأتراب في أعدل سنِّ الشباب.
12	وإنْ سألت: عن آنيتهم، فآنية الذهب والفضَّة في صفاء القوارير.	30	وإنْ سألت: عن الحسن، فهل رأيت الشمس والقمر.
13	وإنْ سألت: عن سعة أبوابها، فبين المصراعين مسيرة أربعين من الأعوام، وليأتين عليه يوم وهو كظيظ من الزحام.	31	وإنْ سألت: عن الحدق (سواد العيون) فأحسن سواد، في أصفى بياض، في أحسن حور (أي: شدَّة بياض العين مع قوة سوادها).
14	وإنْ سألت: عن تصفيق الرياح لأشجارها، فإنها تستفز بالطرب من يسمعها.	32	وإنْ سألت: عن القدود، فهل رأيت أحسن الأغصان.
15	وإنْ سألت: عن ظلِّها ففيها شجرة واحدة يسير الراكب المجد السريع في ظلِّها مئة عام لا يقطعها.	33	وإنْ سألت: عن النهود، فهن الكواعب، نهودهنَّ كألطف الرمان.

16	وإنْ سألت: عن خيامها وقبابها، فالخيمة من درَّة مجوفة طولها ستون ميلًا من تلك الخيام.	34	وإنْ سألت: عن اللون، فكأنه الياقوت والمرجان.
17	وإنْ سألت: عن علاليها وجواسقها فهي غرف من فوقها غرف مبنية، تجري من تحتها الأنهار.	35	وإنْ سألت: عن حُسن الخلق، فهنَّ الخيرات الحسان، اللاتي جمع لهنَّ بين الحُسن والإحسان، فأعطين جمال الباطن والظاهر، فهنَّ أفراح النفوس وقرة النواظر.
18	وإنْ سألت: عن ارتفاعها فانظر إلى الكواكب الطالع، أو الغارب في الأفق الذي لا تكاد تناله الأبصار.	36	وإنْ سألت: عن حسن العشرة، ولذَّة ما هنالك: فهن العروب المتحببات إلى الأزواج، بلطافة التبعُّل، التي تمتزج بالزوج أي امتزاج.

6. متعة القراءة عن الجنَّة

نشأنا نسمع عن الجنَّة وقرأنا عنها مقتطفات هنا وهناك، ومع هذا كانت مُبتغى القاصي والداني، ولكن هذا الشعور الذي نذكره ونستذكره لتهدئة النفس وحملها على الأفضل، يكاد يكون بإحدى درجات القياس بمثابة واحد من عشرة، حتى لا أقول من مائة وألف وأكثر، من ذاك الشعور الذي يتولَّد لديك وأنت بين دفتي كتاب متخصِّص عن الجنَّة حصرًا، فكيف إذا كان مستفيضًا ومتعمقًا ويربط بين النِّعم بأحاديث متداخلة أو متكرِّرة أحيانًا.

قراءة الحديث أو بعضه في عدة أبواب في الكتب العادية يورث الإرباك والملل، أما هنا فتراه يولد لديك الشعور بالمزيد من العشق والتعطش للجنة ونعيمها، وتجد بعض مشاعر الوَلَه التي قد لا يرتضيها الإنسان لذاته في واقع حياته، ولكن رحمة المولى أنها سرٌّ بين العبد وربِّه، وداخل مجالات النفس والعقل والجسد، محجوبة عن أقرب المقربين منا.

هي مشاعر تمتد آثارها في حياتك اليومية مباشرة أو بالتدريج، ومن هذه الآثار اختلاف نوعية القرار العملي والممارس، فمثلًا:

- قد ترى نفسك تتوقف عن انفعال غاضب متوقع في ظروف مماثلة.
- أو تتراجع عن قرار لك كامل الحق فيه لمزيد من العفو بين الناس.
- أو تصبح قراراتك أكثر دقة لكن مع مزيد مع اللمسات الإنسانية، هذا في الماديات.

أما في الروحانيات والمشاعر النفسية، فهي الأكثر استفادة، وليس أولها انشراح الصدر ولا آخرها اتساعه لأعقد الأمور، فضلًا عن فسحة البدائل العقلية المستجدة والتي لم تكن ضمن مجالات الرؤية الشخصية.

الخاتمة

حُكيت لنا قصة قبل النوم صغارًا،
واليوم نحكيها لأنفسنا كبارًا،

أغمض عينيك على شيء من الجنَّة.